GUIGNOL PHILOSOPHE

PAR

F. VÉRAX

Personnages : GUIGNOL, GNAFRON

SOMMAIRE

I. Guignol s'indigne contre les journaux qui vivent de la religion.
II. Guignol démontre à Gnafron, par A plus B, que la plupart des journaux qui se disent républicains ne sont pas républicains.
III. Est-il vrai qu'on puisse emporter le décalogue dans le désert sans nuire à la société?
IV. La démoralisation en France d'après le Times.
V. La tarentule, les suicides. — VI. La Fraternité.
VII. Les enterrements civils.
VIII. Guignol démontre à Gnafron qu'un grand nombre d'ouvriers ne retirent de la lecture de la mauvaise presse que le bénéfice du corbeau.
IX. Les chiens qui hurlent après la lune. La presse antipatriotique.
X. Les queues des Chinois. Où allons-nous?
XI. La guerre. — Le bipède religieux. — Conclusion.

Prix : 20 centimes.

LONS-LE-SAUNIER
IMPRIMERIE & LITHOGRAPHIE J. MAYET & Cie
20, rue St-Désiré, 20

1877

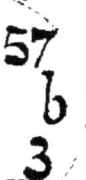

GUIGNOL PHILOSOPHE

PAR

VÉRAX

MÉFIEZ-VOUS DE CEUX QUI VIENNENT A VOUS
COUVERTS D'UNE PEAU DE BREBIS.

Personnages : **GUIGNOL, GNAFRON**

SOMMAIRE

I. Guignol s'indigne contre les journaux qui vivent de la religion.
II. Guignol démontre à Gnafron, par A plus B, que la plupart des journaux qui se disent républicains ne sont pas républicains.
III. Est-il vrai qu'on puisse emporter le décalogue dans le désert sans nuire à la société ?
IV. La démoralisation en France d'après le Times.
V. La tarentule, les suicides. — VI. La Fraternité.
VII. Les enterrements civils.
VIII. Guignol démontre à Gnafron qu'un grand nombre d'ouvriers ne retirent de la lecture de la mauvaise presse que le bénéfice du corbeau.
IX. Les chiens qui hurlent après la lune. La presse antipatriotique.
X. Les queues des Chinois. Où allons-nous ?
XI. La guerre. — Le bipède religieux. — XII. Le cléricalisme.

Prix : 20 centimes.

LONS-LE-SAUNIER

IMPRIMERIE & LITHOGRAPHIE J. MAYET & Cie
20, rue St-Désiré, 20

1877

GUIGNOL PHILOSOPHE

Personnages : GUIGNOL et son ami GNAFRON

I

Guignol s'indigne contre les journaux qui vivent de la religion.

Guignol. — Je suis indigné, Gnafron.
Gnafron. — Et contre qui ?
Guignol. — Contre ces fichus journaux qui vivent de la religion.
Gnafron. — Vous voulez dire contre l'*Univers*, le *Monde*; et toutes les feuilles catholiques !
Guignol. — Non ; mais contre les journaux qui attaquent la religion et qui osent se dire républicains.
Gnafron. — Comment pouvez-vous dire que ces journaux vivent de la religion, puisqu'ils la combattent.
Guignol. — Ne vois-tu pas que c'est une ruse, une ficelle de leur part ! Ils se disent : un journal populaire qui soutient l'ordre moral ne peut pas vivre, ou difficilement ; et il est constaté par l'expérience que plus un journal est impie, violent et licencieux, plus il réussit et fait de brillantes affaires.
Gnafron. — Et alors ?...
Guignol. — Alors ils prennent le chemin qui conduit à la fortune et aux honneurs.
Gnafron. — Ils ont surtout, maître, un faible pour les scandales qui se passent dans le parti clérical. Quand ils en rencontrent, ils battent la grosse caisse à assourdir toutes les oreilles. Il paraît que cela leur rapporte de beaux écus.
Guignol. — Et quand ils n'en trouvent pas en France, ils vont en chercher en Belgique, en Prusse, en Italie et jusqu'en Amérique et aux Antipodes ; ou

bien ils reviennent sur le passé. De cette manière ils ont toujours de quoi assaisonner, épicer leur journal.

GNAFRON. — Mais pourquoi les cléricaux se laissent-ils prendre ?

GUIGNOL. — Ne vois-tu pas que c'est impossible autrement. Si sur 12 apôtres il y eut un Judas, il n'est pas étonnant que sur 40,000 prêtres qu'il peut y avoir en France, quelques-uns ne dévient et ne succombent à la fragilité humaine.

GNAFRON. — Sans doute.

GUIGNOL. — Et de même que la faute de Judas ne rejaillit pas sur le collége des apôtres, de même la faute d'un seul ne doit pas retomber sur le corps sacerdotal qui, pris dans son ensemble, est vraiment dévoué, vertueux, charitable, à la hauteur de sa mission.

GNAFRON. — Mais, doit-on regarder comme vrai tout ce qui est imprimé dans ces feuilles ?

GUIGNOL. — Non, mon ami, il faut bien s'en défier, car les écrivains qui les rédigent se disent les disciples du *tartufe* Voltaire, qui écrivait à ses adeptes : « Pour écraser l'infâme, la religion, mentez, mentez, il en reste toujours quelque chose. »

GNAFRON. — Ces journaux, maître, disent que la religion est mourante, qu'elle n'a plus qu'un souffle de vie, qu'elle est semblable à une lampe qui jette ses derniers reflets avant de s'éteindre. Cela n'est guère rassurant pour les cléricaux !

GUIGNOL. — Ils disent qu'elle est mourante, mais ils ne le pensent pas et ils en seraient bien fâchés. Sans la religion, avec quoi animeraient-ils la paleur de leur prose ? Avec quoi rempliraient-ils les colonnes de leur feuille ? Aussi, vois comme ils ont toujours les yeux tournés vers l'horizon religieux ! Avec quel soin ils lisent les principaux organes de la presse catholique !

Ils ne s'inquiètent ni du grand rabbin des Juifs, ni du consistoire protestant; mais ils ont leurs regards constamment tournés vers Rome : avec quelle attention ils écoutent les discours du Pape ! Comme ils s'inquiètent de sa santé ! Ils sentent que dans l'Eglise il y a là une vie, une lumière, qui se reflète sur leur propre ouvrage.

GNAFRON. — Ainsi, d'après vous, les rédacteurs de ces feuilles seraient les apologistes de la religion ?

GUIGNOL. — Sans doute, ils le sont d'une certaine manière. Ils prouvent d'abord, par la violence et l'universalité de leurs attaques, la vitalité puissante du catholicisme ; car on n'attaque que ce qui vit et on ne s'acharne pas sur ce qui est mort ou mourant. Ils sont encore les apologistes de la religion par la faiblesse et la niaiserie de leurs contradictions. Dans le dernier siècle, les incrédules apportaient des arguments qui, à cette époque, pouvaient avoir une certaine valeur. C'étaient des découvertes géologiques, les inscriptions hiéroglyphyques des Égyptiens, les zodiaques de Dendérah et d'Esné, les tables astronomiques des Indous et des Chinois, etc., qui semblaient démentir les livres de Moïse ; mais maintenant que ces objections ont été réfutées par les Cuvier et les Champollion, qu'apportent nos libres-penseurs actuels ? Des démonstrations vaines, des diatribes plutôt que des arguments, et le ridicule et l'inconvenance de leurs attaques seraient plutôt capables de donner la foi que de l'ôter à un homme tant soit peu instruit.

GNAFRON. — Il n'en est pas moins vrai que ces démonstrations vaines font impression sur les badauds, qui prennent pour parole de l'Évangile tout ce qui est imprimé. Mais en tout cas les rédacteurs de ces feuilles devraient être bien reconnaissants pour la religion qui les fait vivre !

GUIGNOL. — Assurément, mon ami, et je ne doute pas qu'ils ne le soient au fond du cœur ; s'ils disent que la religion est morte, c'est pour cacher leur jeu et tromper les ignorants qui se laissent prendre ; ils savent bien, pour leur compte, que la religion ne meurt pas. Voilà près de 2000 ans que les libres-penseurs répètent le même refrain et la religion vit toujours. Après trois siècles de persécutions inouies, Dioclétien fit élever en Espagne un monument fastueux sur lequel il avait fait graver ces paroles : « A Dioclétien le nouveau Jupiter, pour avoir enfin aboli le nom chrétien et détruit dans le monde entier la superstition du Christ. » Et à peine ce monument était-il achevé, que le jeune Constantin, converti au christianisme par un songe mystérieux et un signe céleste, arborait l'étendard de la croix sur tous les monuments de l'empire. Du temps de Julien l'apostat, les libres-penseurs tenaient un langage semblable. « Que fait maintenant le fils du charpentier, demandait par dérision le philosophe Libanius à un grammairien chrétien ? — Il fait un cercueil pour son plus grand ennemi, répondit le grammairien. » Et en effet, peu de temps après, Julien mourait dans une guerre contre les Perses, et prenant son sang avec la main, dit l'histoire, et le lançant contre le ciel, il s'écriait : « Tu as vaincu Galiléen ! » Dans le siècle dernier, Voltaire disait que dans vingt ans la religion du Christ aurait beau jeu, et Voltaire mourait au bout des vingt ans ; et dans 100 ans les incrédules de cette époque diront encore que la religion se meurt, qu'elle n'a plus qu'un souffle de vie ; car l'histoire ressemble, comme on l'a dit souvent, à un serpent qui se mord la queue. Oui, mon ami, la religion n'est jamais plus près du triomphe que lorsqu'elle paraît extérieurement plus faible et plus près de sa ruine. C'est en vain que les impies unissent leurs forces contre elle. Le Grand Maître l'a dit : « Jamais la libre pensée ne prévaudra contre son Église. »

GNAFRON. — On voit bien, maître, que vous êtes le véritable ami du peuple : vous ne cherchez point à le flatter, à lui dire des gandoises pour avoir son argent ; mais vous lui dites la vérité toute crue, comme un père agit envers son enfant.

II

Guignol démontre à Gnafron par A plus B que la plupart des journaux qui se disent républicains ne sont pas républicains.

GNAFRON. — N'avez-vous pas dit, maître, que les journaux républicains n'étaient pas républicains ?

GUIGNOL. — J'ai dit, mon garçon, que les journaux qui faisaient de l'attaque de la religion un moyen de spéculation n'étaient pas républicains. En effet, le mot république signifie, comme le dit son étymologie, chose publique, ordre public, *res publica*. Celui qui soutient l'ordre public est républicain et celui qui le détruit n'est pas républicain. Or, tous les philosophes, tous les législateurs du monde ont toujours regardé la religion comme le fondement de l'ordre social. « Celui, dit Platon dans son traité de la république, qui détruit et arrache la religion, détruit et arrache les fondements mêmes de la société. — Une ville, dit Plutarque, suspendue en l'air serait plus facile à former et à maintenir qu'un état sans religion. — Jamais État ne fut fondé, dit J.-J. Rousseau, sans que la religion ne lui servît de base. » Aussi tous les législateurs du monde, Solon à Athènes, Lycurgue à Sparte, Numa à Rome, ont-ils fondé leur État sur la base éternelle de la religion.

GNAFRON. — Je conçois qu'à ce point de vue les journaux dont nous parlons ne sont guère républicains. Mais est-ce que le mot de républicain n'est pas synonyme d'irréligieux ? Quand un homme en France est athée, matérialiste, sans croyance, on dit qu'il est républicain.

GUIGNOL. — Sans parler de la république du Paraguay qui était un état excessivement religieux, on a vu dans le cours des âges des républiques fort convenables. Ainsi les républiques de la Grèce et de Rome, quoique païennes, donnaient beaucoup d'importance à la religion. Dans ces républiques on ne faisait rien d'important, on n'entreprenait aucune guerre, sans avoir auparavant consulté la divinité par la prière et par les sacrifices. A Athènes, Protagoras fut envoyé en exil pour avoir osé nier l'existence de Dieu et ses écrits furent brûlés par l'ordre des magistrats.

GNAFRON. — Ah ben ! voilà de drôles de républiques dans lesquelles on ne mange pas du prêtre. Quand on demande à nos républicains ce que c'est que la république, ils vous répondent que la république, c'est la persécution des curés et de la religion. Voilà en quoi ils font consister tout leur républicanisme. « Combattre le christianisme, disait l'*Homme libre*, c'est faire œuvre républicaine. »

GUIGNOL. — J'ai lu, il y a peu de jours, un article sur la république des États-Unis, qui prouve que ce gouvernement ne comprend pas la république à la manière de nos démocrates français. C'est le texte d'une loi votée par le Sénat et la chambre des représentants.

« Attendu, dit cette loi : 1° Que la sanctification du dimanche est une chose d'intérêt public ; 2° Un utile soulagement des fatigues corporelles ; 3° Une occasion de vaquer à ses devoirs personnels et de se rappeler les erreurs qui affligent l'humanité ; 4° Un motif particulier d'honorer dans sa maison et à l'église, Dieu, le Créateur et la Providence de l'univers ; 5° Un stimulant à se consacrer aux œuvres de charité qui font l'ornement et la consolation de la société.

Considérant qu'il y a des incrédules et des gens inconsidérés qui, méprisant les devoirs et les avantages que procure à l'humanité la sanctification du dimanche, outragent la sainteté de ce jour en s'adonnant à toute sorte de plaisirs, et en s'adonnant à leurs travaux ; qu'une telle conduite est contraire à leurs intérêts comme chrétiens et trouble l'esprit de ceux qui ne suivent pas ce mauvais exemple ; que ces sortes de personnes font tort à la société tout entière en introduisant dans son sein des tendances de dissipation et d'habitudes immorales.

Le Sénat et les Chambres décrètent : 1° Il est défendu, le dimanche, d'ouvrir les magasins et les boutiques ; de s'occuper à un travail quelconque, d'assister à aucun concert, bal ou théâtre, sous peine d'une amende de 10 à 20 schellings pour chaque contravention ; 2° Aucun voiturier ou voyageur ne pourra, sous la même peine, entreprendre un voyage, le jour du dimanche, excepté le cas de nécessité, dont la police sera juge ; 3° Aucun hôtel ou cabaret ne pourra s'ouvrir le dimanche aux personnes qui habitent la commune, sous peine de l'amende ou de la fermeture de l'établissement. — Ceux qui, sans cause de maladie ou sans motif suffisant, se tiendront éloignés de l'église pendant 3 mois seront condamnés à une amende de 10 schellings. — Quiconque commettra des actions inconvenantes à proximité ou dans l'intérieur de l'église payera de 5 à 10 schellings d'amende. L'exécution de ce droit est confiée aux employés de police, choisis tous les ans par les communes. »

GNAFRON. — Il n'y a pas de danger que nos républicains radicaux émettent un vote semblable.

III

Est-il vrai qu'on puisse emporter le décalogue dans le désert, sans nuire à la société, et que la crainte des gendarmes et des tribunaux suffise pour maintenir l'homme dans le devoir ?

GNAFRON. — Les journaux prétendus républicains, disent, maître, qu'on peut bien emporter le décalogue dans le désert, que la religion est inutile, qu'on peut s'en passer.

GUIGNOL. — Ils le disent, mais ils ne le prouvent pas.

GUIGNOL. — Ils se contentent d'apporter, à l'appui de leur dire, les scandales qui se passent dans le parti clérical.

GUIGNOL. — Ces scandales, quand on réfléchit tant

soit peu, ne prouvent pas grand'chose. Pour qu'ils eussent quelque valeur, il faudrait que l'on pût dire : La plupart des gens qui sont religieux sont méchants, scélérats, nuisibles à la société. Mais il n'en est pas ainsi : qu'on prenne pour règle ceux qui sont condamnés par la justice humaine, à peine sur 100 en trouve-t-on un qui pratique la religion, les quatre-vingt-dix-neuf autres sont sans foi, sans croyances, sans pratique religieuse, en un mot ils appartiennent à la classe des libres-penseurs.

Gnafron. — Voilà un fait incontestable auquel on ne peut rien répondre.

Guignol. — Ce qui fait ressortir les scandales, c'est l'importance qu'y mettent les feuilles radicales. A peine un fait tant soit peu scabreux s'est-il passé parmi les cléricaux, comme ils disent, qu'aussitôt le journal de la localité donne un coup de tam-tam : a ce signal tous les journaux qui vivent de la religion, enchantés du fait et de la bonne fortune qui leur arrive, proclament cette action à grands coups de grosse caisse ; et le fait brodé, commenté, souvent exagéré fait le tour de la France et de l'Europe. Qu'un fait semblable se passe dans une autre classe de citoyens, à peine y fait-on attention et bientôt il tombe dans le domaine de l'oubli.

Gnafron. — Mais ne pourrait-on pas, maître, être honnête homme sans pratiquer la religion ?

Guignol. — Sans doute, mon garçon, à toute règle exception, et je connais, pour mon compte, des personnes sans religion que j'estime, que j'honore, que je considère comme des gens parfaitement honnêtes. Mais ceci ne peut être considéré que comme une exception, et ne saurait convenir à la généralité des hommes. « Je ne comprends pas, écrivait J.-J. Rousseau à d'Alembert, qu'on puisse être vertueux sans religion, j'eus longtemps cette opinion trompeuse dont je suis bien désabusé. » Ces personnes, en général, sont peu instruites, du moins en ce qui concerne la religion, qu'elles n'ont jamais étudiée sérieusement ; que ces personnes cherchent la vérité sincèrement et bientôt elles la verront briller dans toute sa splendeur. La religion ne craint que l'ignorance; comme le dit l'illustre philosophe Bacon : « Peu de philosophie nous détourne de la religion et beaucoup de philosophie nous y ramène. »

GNAFRON. — On voit cependant, maître, des gens très-savants, et en même temps incrédules.

GUIGNOL. — L'incrédulité ne naît point seulement de l'ignorance, mais encore des mauvaises dispositions du cœur. Les savants, pour être savants, ne sont point exempts des passions qui désolent l'âme des autres hommes, et c'est des passions que s'élèvent pour l'ordinaire, les vapeurs qui obscurcissent la vérité religieuse. Comme le dit le psalmiste : « L'impie ne veut point croire, de peur d'être amené à bien faire. » Et c'est ce que m'avouait un jour, dans l'intimité, un libre-penseur, rédacteur d'un journal radical. Il ne voulait point croire, parce qu'en croyant, il lui aurait fallu renoncer à ses passions et revenir au bien.

GNAFRON. — Mais ne pourrait-on pas trouver en dehors de la religion des mobiles qui puissent maintenir l'homme dans la vertu et dans le devoir?

GUIGNOL. — Je te défie d'en trouver un seul sérieux. La vertu, Gnafron, n'est pas toujours chose facile : qui dit vertu, dit combat, violence, efforts faits sur soi-même pour contenir des passions rebelles et les enchaîner dans le cercle pénible du devoir; qui dit vertu, dit sacrifices, sacrifices parfois des plaisirs les plus doux et les plus séduisants ; sacrifices parfois de nos intérêts les plus chers, de notre bien, de notre sang, de notre vie même; sacrifices que la religion avec ses espérances infinies peut seule justifier et sanctionner dans nos âmes. Mais, si comme le dit l'impie, la religion n'est qu'un vain préjugé, si nous n'avons rien à craindre, rien à espérer par delà l'horizon de la vie, jetons loin de nous les armes d'un combat infructueux et sans récompense, couronnons-nous de roses, voguons gaîment au gré de nos plaisirs et de nos passions, dirigeons toute l'énergie, toute l'activité de nos âmes à la conquête des biens d'ici-bas. Qu'importent les moyens, qu'importe la voix d'une vaine conscience; êtres constitués pour le bonheur, il faut avant tout atteindre notre fin, notre destinée. Telle est la déduction nécessaire de l'incrédulité.

IV
Les gendarmes, l'instruction, la démoralisation en France d'après le Times.

Gnafron. — J'ai lu dans un journal de Paris que la crainte des gendarmes et des tribunaux pouvait suffire pour maintenir l'homme dans le devoir.

Guignol. — Je ne donnerais pas ma confiance, je ne confierais pas les clefs de ma maison à celui qui n'aurait d'autre mobile de vertu que la crainte des gendarmes. C'était l'opinion de Voltaire lui-même. Comme il dinait à Ferney avec des philosophes libres-penseurs; ceux-ci vinrent à parler d'athéisme. « Attendez, leur dit Voltaire, que j'aie fait retirer mes domestiques, car ces gaillards-là seraient dans le cas de m'étrangler cette nuit, s'ils ne croyaient plus en Dieu. » En effet, pendant que la religion nous montre les yeux de Dieu toujours ouverts sur nos pensées et nos actions, dans les ténèbres de la nuit comme à la clarté du jour; pendant qu'elle nous le montre comme devant être le juge inflexible de toutes nos œuvres, sans distinction de riche ou de pauvre, de savant ou d'ignorant, de puissant ou de faible, nous savons que la justice humaine est souvent aveugle et imparfaite; que de vols, que d'assassinats même échappent à sa vigilance! il n'y a pour l'ordinaire que les maladroits qui se laissent prendre, et que de crimes et de fautes ne sont point du ressort, du domaine des lois humaines: ces fraudes si cachées, si communes dans le commerce, cet égoïsme qui est sans pitié pour le malheur, cette intempérance qui énerve à la fois l'âme et le corps, cette débauche qui porte dans la vie domestique l'opprobre avec la discorde, ces rapports qui sèment les divisions, ces calomnies obscures qui noircissent l'homme de bien, etc., etc.

GNAFRON. — Mais le sentiment de l'honneur ne pourrait-il pas suffire ?

GUIGNOL. — Le sentiment de l'honneur n'affecte que quelques âmes d'élite et il est sans influence sur la majorité des hommes. Et quel est celui qui, poussé par un intérêt puissant ou par une passion violente reculerait devant une prévarication, si cette faute devait demeurer secrète et inconnue ? il pourrait tout à la fois satisfaire sa passion et conserver sa réputation et son honneur aux yeux du monde.

GNAFRON. — La plupart des journaux radicaux disent qu'il faut développer l'instruction chez le peuple et que cette instruction suffit à tous.

GUIGNOL. — Ces paroles captieuses peuvent jeter de la poudre aux yeux des badauds, mais elles ne sauraient satisfaire un homme sérieux. L'instruction sans l'éducation et l'éducation religieuse ne sert à rien ; elle peut développer les facultés de l'intelligence, mais non celles de l'âme et du cœur. Un enfant qui ne reçoit que de l'instruction sans éducation est comme un champ non cultivé, qui ne produit que des ronces et des épines ; et il devient pour l'ordinaire un sujet dangereux qui fait la honte et l'opprobre de sa famille et de son pays. Quand a-t-on vu l'instruction plus répandue que de nos jours et quand a-t-on jamais vu plus de crimes, plus de vols, plus d'assassinats ? Ne voit-on pas les désordres s'accroître, les prisons se remplir à mesure que s'affaiblit le frein religieux. Ce phénomène de démoralisation, croissant en France avec la licence de la pensée, a ému jusqu'à la presse étrangère et voici ce que nous lisons dans le *Times*, journal anglais.

« 1° La proportion des unions irrégulières est plus grande en France que dans tout autre pays ;

2° La proportion des enfants nés en dehors du mariage y est plus grande qu'ailleurs ;

3° Le nombre moyen des enfants, composant la famille, décroît ;

4° La cote d'accroissement de la population diminue ;

5° La classe qui s'affranchit de toute loi d'obéissance et de contrainte, cette classe, source éternelle de dangers pour la propriété, pour la société, pour l'État, augmente sans cesse, » et le *Times* constate qu'aucune mesure efficace n'est prise pour arrêter cette décadence d'une démocratie sans Dieu où la famille se dissout. Oui, Gnafron, disons-le, avec tous les philosophes : « La religion seule peut faire le citoyen honnête, des sujets fidèles, des serviteurs patients, des maîtres humbles, des magistrats incorruptibles, des amis véritables ; elle seule rend inviolable la bonne foi des mariages, assure la paix des familles, maintient la tranquillité des États. »

V

La tarentule. — Les suicides.

Gnafron. — Savez-vous, M. Guignol, qu'il s'est déclaré en France une maladie dans les cerveaux, comme le phylloxera dans nos vignes ?

Guignol. — Laquelle ?

Gnafron. — La maladie du suicide. Voici ce que j'ai vu dans le *Petit Parisien :* « On dirait qu'il y a comme une tarentule qui pousse depuis quelques mois tant de fous à se couper la gorge, à se pendre, à se jeter du haut des tours Notre-Dame, ou à se brûler la cervelle à coup de revolver. »

Guignol. — Il est vrai que cette manie se développe dans notre pays d'une manière extraordinaire ; on ne peut pas lire un journal sans en rencontrer quelques cas, et l'un des rédacteurs les plus distingués de l'*Économiste français*, M. de Foville, a donné sur ce sujet une statistique vraiment effrayante : il constate qu'en France depuis quelques années, il y a environ en moyenne un suicide sur soixante hommes morts.

Gnafron. — A quoi attribuer cette maladie, M. Guignol ?

Guignol. — La tarentule n'est pas difficile à trouver : elle n'est autre que la mauvaise presse qui détruit toutes croyances religieuses. C'est ce que M. de Foville constate indirectement en disant que dans les pays où la presse est le moins répandue, dans les régions les plus montagneuses de notre pays, dans les Pyrénées, les Cévennes, les Alpes, la Bretagne, la moyenne s'élève à dix suicidés sur cent mille habitants; tandis qu'elle s'élève dans des proportions effrayantes dans les départements les plus exploités par une certaine presse : ainsi dans la Seine, déduction faite des enfants et des femmes, on arrive à constater que ce département donne un suicide sur 24 ou 25 morts d'homme. « Il est évident, dit encore M. de Foville, que rien n'est plus propre à développer dans un pays, la pratique du suicide que les doctrines matérialistes, et nous n'apprendrons rien à personne en disant qu'elles ont fait en France, depuis quelques temps, d'immenses progrès. Pour l'athée qui voit dans la tombe la porte du néant, rien n'est plus logique que de s'y précipiter, le jour où la somme des souffrances l'emporte pour lui sur celle des jouissances. »

GNAFRON. — Mais ne pourrait-on pas attribuer ces suicides à la crise commerciale, qui sévit aujourd'hui si tristement sur les ouvriers et engendre la misère ?

GUIGNOL. — Quand M. de Foville écrivait son rapport, le commerce était très-florissant. D'ailleurs on a vu la misère et les souffrances régner à toutes les époques; mais nos pères et nos aïeux, soutenus par de fortes convictions religieuses, savaient supporter virilement la douleur ; ils se confiaient à la providence de Dieu qui n'abandonne jamais ceux qui se confient en lui et qui l'invoquent; et dans un pays catholique on trouve toujours la charité au niveau de toutes les souffrances.

VI

Fraternité.

GNAFRON. — Vous parlez de fraternité, M. Guignol. Les républicains de nos jours revendiquent pour eux tous les honneurs de cette vertu, ils prétendent qu'elle est d'origine républicaine et date des immortels principes de 1789.

Guignol. — L'histoire est là, mon ami, qui dément cette assertion, et on ne peut aller contre l'histoire. Avant le christianisme on ne trouve pas l'ombre d'une institution charitable. Les anciens, dit M. de Chateaubriand, avaient deux moyens pour se débarrasser de la misère : l'infanticide et l'esclavage. Dans la Grèce si vantée, on comptait plus de 20 millions d'esclaves ; et à Rome, dit Sénèque, si on eût fait porter aux esclaves un costume distinct, on serait resté effrayé du petit nombre d'hommes libres. Ces esclaves étaient soumis aux plus infâmes traitements. Leurs maîtres avaient sur eux droit de vie et de mort. Quand ils étaient usés par les infirmités et la vieillesse on les envoyait mourir tristement de faim dans une île déserte. Vedius Pollion, au rapport de Pline, entretenait des murènes d'une énorme grosseur auxquelles il faisait jeter ses esclaves pour pâture, et il plut un jour au César Galérius de réunir sur quelques vaisseaux tous les pauvres de l'empire et de s'en délivrer au moyen des noyades.

Gnafron. — Quelle horreur !

Guignol. — Tel était l'état de l'humanité chez les peuples anciens, et les philosophes entretenaient l'égoïsme par leurs doctrines : « Ne te lamente point avec ceux qui pleurent, disait la doctrine des Stoïciens et Sénèque appelle la pitié, le vice d'une âme faible. » Le Christ parut et vint honorer et relever la pauvreté en se faisant pauvre lui-même, en se revêtant des livrées de l'indigence et en proclamant cette maxime sublime : *Regardez comme fait à moi-même ce que vous ferez au moindre des indigents*. Dès lors la charité prit dans le christianisme une magnifique florescence : « Voyez comme les chrétiens s'aiment, disaient les païens étonnés, non-seulement ils ont soin de leurs malades et de leurs pauvres, mais ils nourrissent encore les nôtres. » Le premier hôpital a été élevé au 4e siècle, il est dû à une dame romaine, Fabiola, fidèle servante du Christ ; et de nos jours on ne peut élever les yeux dans nos cité, sans rencontrer de nombreuses institutions de bienfaisance. Il n'y a pas de souffrance que la charité chrétienne n'ose envisager, ni de misères au-dessus de son amour ; les malades, les vieillards, les incurables, les aveugles, les orphelins et les sourds-muets, trouvent dans leur détresse un lieu de refuge et des cœurs pour les aimer, et dans un récent rapport on a compté en France jusqu'à 14,000 institutions religieuses se dévouant d'une manière ou d'une autre au bien de l'humanité.

GNAFRON. — Comment se fait-il qu'on puisse ne pas aimer une religion si bienfaisante ? un républicain n'a-t-il pas dit dernièrement : *Notre ennemi c'est le cléricalisme,* c'est-à-dire la religion.

GUIGNOL. — Il y a, mon ami, républicain et républicain ; le pseudo-républicain dit : La religion est notre ennemie. Pourquoi ? parce qu'elle s'oppose aux passions mauvaises, parce qu'elle met un frein au mal. C'est là la source, le secret de la haine que certaines personnes portent à la religion. Le vrai républicain dit au contraire : La religion est l'amie de l'homme ; elle l'éclaire dans son intelligence, elle le console dans ses peines, elle le fortifie contre les passions qui sont nos plus grands ennemis.

VII

Les enterrements civils.

GNAFRON. — N'est-il pas triste, maître, de voir de pauvres ouvriers, après avoir été malheureux ici-bas, s'exposer à ne jamais goûter un instant de bonheur, comme font ceux qui s'embarquent pour le grand voyage sans avoir pris leur feuille de route !

GUIGNOL. — Tu veux parler des enterrements civils.

GNAFRON. — Oui, M. Guignol, et ils viennent à la mode de nos jours. Ceux qui partent ainsi, sans avoir ciré leurs bottes, sont bien imprudents !

Guignol. — Imprudents, sans doute! Quand la religion, d'accord avec tous les philosophes, nous dit qu'il y a un Dieu et que ce Dieu ne peut voir du même œil celui qui l'honore et celui qui le méprise, celui qui observe ses commandements et celui qui les foule aux pieds; quand la religion nous dit que par delà la tombe, Dieu réserve aux impies des supplices inconcevables et éternels; quand d'un autre côté il est si facile de se mettre en règle et de prendre ses passeports, le simple bon sens ne nous dit-il pas qu'il faut prendre le parti le plus sûr!

Gnafron. — En effet, il est très-facile de prendre sa feuille de route. La religion nous montre Dieu comme un bon père, toujours prêt à recevoir dans ses bras l'enfant repentant qui revient à lui.

Guignol. — De se tromper en croyant la religion vraie, dit Pascal, il n'y a pas grand'chose à perdre, mais quel malheur de se tromper en la croyant fausse !

Gnafron. — Ces paroles me rappellent une petite histoire qui s'y rapporte. Un libre-penseur apercevant un capucin couvert d'une robe de bure, la tête et les pieds nus, par un froid rigoureux, lui dit:
« Père capucin, vous serez bien attrapé s'il n'y a pas de paradis. — Et vous le serez encore plus, répondit le moine, s'il y a un enfer. »

Guignol. — En effet notre destinée n'est point une chose qu'on puisse abandonner à un coup de dé, surtout quand il s'agit d'une affaire aussi importante. On n'agit point si témérairement dans les choses de ce monde, qui ne sont que des bagatelles.

Gnafron. — Ils disent, maître, pour leur gouverne, que puisqu'ils ne reconnaissent pas et ne voient pas Dieu, Dieu ne doit pas les voir et les connaître; ils imitent cet oiseau, l'autruche, je crois, qui dit-on, à la vue du chasseur se cache la tête sous les ailes et pense que puisqu'il ne voit pas le chasseur, le chasseur ne doit pas le voir.

Guignol. — Et le chasseur le voit et le tue : épouvantable politique en face de l'éternité! Mais ceux qui pour flatter les passions et remplir ainsi leur escarcelle poussent dans l'abîme, par leurs conseils et leurs doctrines, l'ouvrier ignorant et crédule sont bien coupables ! Ils assument sur leur tête une terrible responsabilité !

VIII

Guignol démontre à Gnafron qu'un grand nombre d'ouvriers ne retirent de la lecture de la mauvaise presse que le bénéfice du corbeau.

GNAFRON. — Savez-vous, maître, qu'il est difficile de ne pas se laisser prendre par les artifices d'une certaine presse : ils savent si bien vous jeter de la poudre aux yeux, faire miroiter aux yeux de l'ouvrier de brillantes utopies, le bercer d'espérances chimériques, montrer noir ce qui est blanc et blanc ce qui est noir ; ils savent si bien flatter les mauvais instincts qui germent dans le cœur de l'homme, qu'on finit par se laisser prendre comme des benets.

GUIGNOL. — Connais-tu, Gnafron, la fable du corbeau et du renard ?

GNAFRON. — Oui, maître, je l'ai apprise quand j'étais à l'école.

  Maître corbeau sur un arbre perché
  Tenait à son bec un fromage.
  Maître renard, par l'odeur alléché,
  Lui tint à peu près ce langage :
  Hé : bonjour, monsieur du Corbeau,
Que vous êtes joli ! que vous me semblez beau !
  Sans mentir, si votre ramage
  Se rapporte à votre plumage,
Vous êtes le phénix des hôtes de ces bois.
A ces mots le corbeau ne se sent pas de joie ;
  Et pour montrer sa belle voix,
Il ouvre un large bec, laisse tomber sa proie.
Le renard s'en saisit, et dit : Mon bon monsieur,
  Apprenez que tout flatteur
  Vit aux dépens de celui qui l'écoute !

Cette leçon vaut bien un fromage sans doute.
Le corbeau honteux et confus,
Jura mais un peu tard, qu'on ne l'y prendrait plus.

Guignol. — Eh bien! mon garçon, je crois que le plus grand nombre des lecteurs de la presse pseudo-républicaine ne retire de cette lecture que le bénéfice du corbeau. Sans vouloir dénigrer ici des théories sociales qui ont besoin d'être mises à l'épreuve pour être sûrement jugées, et pour ne rien avancer que d'incontestable, je dis d'abord que cette presse détruit dans l'homme la liberté et le bonheur.

Gnafron. — Comment pouvez-vous dire, M. Guignol, que la presse irréligieuse détruit la liberté, puisque c'est au nom de la liberté quelle combat la religion?

Guignol. — La religion est à la liberté humaine ce qu'est la barrière au voyageur qui marche le long d'un précipice, elle l'empêche d'y tomber. Je te le demande: l'ivrogne qui perd la raison au fond de la bouteille, qui, en revenant dans sa famille, bat sa femme et ses enfants qu'il laisse mourir de faim, est-il libre et heureux?

Gnafron. — Non, sans doute, car comme le dit le proverbe: qui a bu boira! il est esclave de son penchant et malheureux.

Guignol. — Le jeune homme qui sacrifie dans la débauche sa santé et sa fortune, est-il heureux et libre?

Gnafron. — Non, encore, car comme le démontre l'expérience, une mauvaise habitude est comme une seconde nature avec laquelle il est bien difficile de rompre.

Guignol. — Il en est de même, Gnafron, de toutes les passions: elles sont, dit un philosophe, comme les maladies de l'âme; et de même que l'homme ne peut goûter une véritable joie quand le corps souffre, de même l'âme ne peut être heureuse et libre quand elle est affectée par une passion quelconque; or la mauvaise presse en détruisant la religion, déchaine toutes les passions, comme nous l'avons dit plus haut et détruit par là même la liberté et le bonheur.

Gnafron. — Ceci, maître, est incontestable. La plupart de nos souffrances ne viennent en général que de nos passions déréglées.

Guignol. — La mauvaise presse détruit tout rayon de vérité dans l'intelligence, toute espérance dans le cœur. Pour le libre penseur la vie est un problème insoluble : il ne sait ni d'où il vient, ni où il va, ni la raison de sa destinée ici-bas. Semblable à un vaisseau dématé, sans voiles et sans boussole, il erre au gré de tous les vents. Pour lui il n'y a pas d'étoiles au ciel, de phare à l'horizon, de port au bout de la traversée. Pour lui il n'y a pas d'espérance : la souffrance est un des grands éléments de ce monde ; elle s'abat sur tous les âges, sur toutes les conditions. La religion donne un sens à nos douleurs et fait régner dans l'âme du croyant une douce résignation, en la consolant par ses espérances immortelles. Pour l'incrédule, la souffrance n'a pas sa raison d'être et il ne voit pour remède à ses maux que le suicide, comme nous l'avons dit : la corde ou le boisseau de charbon.

Gnafron. — Mais, est-ce que la philosophie ne pourrait pas remplacer avantageusement la religion et nous éclairer sur nos destinées futures ?

Guignol. — Non, mon ami, la philosophie séparée de la religion s'est toujours montrée impuissante. Son histoire est l'histoire de toutes les utopies qui ont pu germer dans le cœur de l'homme ; il n'est aucune absurdité, dit Cicéron, qui n'ait été enseignée par quelque philosophe. Et Platon, le plus grand philosophe de l'antiquité, a avoué cette impuissance. Il nous déclare formellement que l'humanité a besoin d'un révélateur, qui sera pour nous comme un vaisseau qui ne craint pas la tempête. « Il n'y a qu'un Dieu, dit-il, qui puisse nous éclairer. »

Gnafron. — Et le commerce, maître, peut-il marcher dans cet état de chose ?

Guignol. — Le commerce vit de confiance et de sécurité ; il demande un gouvernement reposant sur des assises sérieuses. Or, le gouvernement que cherche à créer la presse prétendue républicaine n'étant point un gouvernement, mais la désorganisation sociale sous le nom de république, il est évident que le commerce ne peut aller. Vois comme cette presse cherche à renverser les dernières barrières qui maintiennent encore l'ordre public; elle ne sera contente que quand elle aura précipité notre malheureux pays au fond de l'abîme.

Gnafron. — Mais il en est qui prétendent que quand l'eau est trouble, c'est alors que la pêche est plus fructueuse et réussit le mieux.

Guignol. — Jamais un ouvrier honnête n'a tenu et ne tiendra un semblable langage.

Gnafron. — Et que pensent de nous les gouvernements étrangers?

Guignol. — Ils nous regardent avec frayeur, parce qu'il y a une loi, une tendance d'équilibre dans l'ordre moral parmi les peuples, comme elle existe dans l'ordre physique. Ils voient avec effroi les idées socialistes et anarchiques, venues de France, progresser d'une manière effrayante dans leurs états et ébranler tous les trônes; et jamais, dans cette situation, il ne nous sera possible d'avoir un allié dans l'Europe, toute composée d'états monarchiques.

Gnafron. — Et nos ennemis, qu'en pensent-ils?

Guignol. — Ils paraissent satisfaits. Ils sont très-contents en effet de voir l'anarchie désoler notre malheureux pays, de nous voir dans le pétrin, comme l'on dit. Ils savent qu'ainsi ils auront facilement raison de nous, quand ils le voudront : c'est ce que démontre évidemment une lettre confidentielle de M. de Bismarck à M. d'Arnim : « Il faut à l'Allemagne une France faible et la France ne saurait être plus faible que sous le gouvernement républicain. »

Gnafron. — Et qui donc tire profit de la situation?

Guignol. — Les habiles, les flatteurs qui savent faire jouer les ficelles, entretenir une agitation continuelle, faire miroiter aux yeux de l'ouvrier des théories brillantes et par ce moyen se frayer un chemin à la fortune et aux honneurs. Ce sont eux auxquels faisait allusion le grand maître quand il disait: « Méfiez-vous de ceux qui viennent à vous couverts d'une peau de brebis, mais qui sont au fond des loups ravissants. »

Gnafron. — Et le peuple, l'ouvrier, quel avantage retire-t-il ?

Guignol. — Le plus grand nombre d'entre eux retire, comme je l'ai dit, le bénéfice du corbeau.

IX

Les chiens qui hurlent après la lune. — La presse antipatriotique.

Guignol. — Il y a quelques années, mon ami, la France était entourée de petits royaumes, qui étaient sans danger pour elle. Au sud-est elle était bornée par l'Italie, partagée en 11 états divers, et à l'est par la Suisse, la Belgique, l'Allemagne, divisée en 40 royaumes, etc.

Gnafron. — Ou voulez-vous en venir, maître, avec ce début?

Guignol. — Il est évident qu'il n'entrait point dans l'intérêt de la France d'unifier ces états et de créer à nos portes des empires puissants. Voilà cependant ce qu'à fait la politique libérale qui a prévalu parmi nous depuis un certain nombre d'années. Pour satisfaire des passions antireligieuses et pour détruire le catholicisme on a sacrifié et perdu notre malheureux pays. La France peut périr, mais il n'en est pas de même du catholicisme : une existence de près de 6000 ans sans interruption, depuis le commencement du monde jusqu'à nos jours, atteste cette vérité incontestable, car le judaïsme n'était que la base et le piédestal d'une religion dont le catholicisme devait être le faîte et le couronnement. Malgré ce fait consacré par l'histoire, on a vu et on voit encore de profonds politiques, des génies savants s'acharner à vouloir détruire une puissance indestructible, semblables à ce serpent dont parle la fable qui s'acharnait à mordre une lime d'acier, espérant la ronger et la détruire et qui se brisa les dents; ou bien encore semblables à ces insulaires dont il est parlé dans l'histoire de Christophe-Colomb qui s'imaginaient que la lune allait disparaître et périr parce qu'elle subissait une éclipse momentanée, parce qu'un léger nuage passait devant elle; « et les sauvages hurlaient et faisaient des contorsions effrayantes, et les chiens aboyaient après la lune croyant que c'en était fait d'elle. » Il en a été de même de nos prétendus libéraux, en haine du Pape ils ont non-seulement applaudi mais ils ont poussé et coopéré à l'unification de l'Italie; pour affaiblir l'Autriche catholique, ils ont soutenu la Prusse protestante et contribué à développer sa puissance. La presse irréligieuse est entrée naturellement dans cette politique patriotique. Contentons-nous d'un extrait.

(Siècle 28 septembre 1850).

« Toutes les inconséquences, toutes les légèretés qui caractérisent la vie de certains individus se font remarquer parfois chez certains peuples. Le peuple allemand, auquel on a fait à tort une réputation de gravité, manque essentiellement de bon sens. Ces hommes carrés, ces intrépides buveurs de bière, ces fumeurs impassibles, sont en politique de vrais hannetons. Ils ont un but et un but très-noble puisqu'ils rêvent l'unité allemande, la patrie allemande, mais ils fuient avec soin tout ce qui pourrait les aider à atteindre ce but, et ils s'attachent avec passion à tout ce qui les en éloigne . . . .
. . . .

Ne pas toucher à ce que l'on convoite le plus ardemment, surtout quand on vous l'offre, est méritoire à coup sûr; mais en politique, cette magnifique abnégation porte un autre nom, cela s'appelle niaiserie. Pendant la guerre d'Italie, la Prusse a joué un rôle niais: elle a fait juste le contraire, non-seulement de ce qu'elle devait, mais de ce qu'elle voulait faire. Elle ne se méprenait pas sur la nature du concours que la France donnait à l'Italie, et elle a flatté, exalté les plus mauvaises, que dis-je, les plus ridicules passions de l'Allemagne contre nous. Elle savait pourtant bien que nous allions battre en Italie son plus intime ennemi.

Ce qui eût dû, indépendamment de ce motif, faire incliner la Prusse du côté de la politique française, c'était son analogie avec le Piémont. La Prusse est une sorte de Piémont allemand, moins les institutions franchement constitutionnelles, moins l'audace et l'énergie, moins les hommes d'état de la taille de M. de Cavour. La Prusse a autour d'elle ce que le Piémont avait avant la guerre, des duchés soumis à toutes les influences de l'Autriche. La Bavière, le Hanovre et la Saxe sont en Allemagne pour l'Autriche ce qu'étaient naguère en Italie la Toscane, Parme et Modène. » (Louis Jourdan.)

On sait où nous a conduits cette politique profonde. Elle s'est tournée contre nous. La Prusse unifiée et devenue puissante nous a déjà enlevé l'Alsace et la Lorraine, et pour peu que l'on persévère dans ces errements, la France se verra bientôt réduite aux dimensions des républiques d'Andorre et de St-Marin.

GNAFRON. — Connais pas ces républiques, maître.

GUIGNOL. — Consulte un livre de géographie et tu verras que la république d'Andorre, située sur le versant méridional des Pyrénées, a environ 900 kil. carrés et 1600 habitants. Quant à la république de St-Marin, située en Italie, elle compte 9 kil. sur 7000 habitants. Et quand la France sera réduite à cet état, nos pseudo-républicains continueront de crier de toute la force de leurs poumons : « Périsse la France plutôt que la république ! » Et ils entendent par république leurs intérêts personnels.

―――

X

Les queues des Chinois. — Où allons-nous ?

GNAFRON. — Où allons-nous, maître, de ce train ?

GUIGNOL. — A l'abîme, mon garçon et nous y marchons pas à pas et insensiblement, si l'on ne réprime la licence de la presse et si l'on ne réforme l'opinion publique. Quand on comprend d'un côté, toute la puissance du journalisme que l'on a défini, à juste titre, la puissance de la vapeur appliquée à la pensée; quand on voit, d'un autre côté, que cette puissance presque tout entière est occupée à saper à grands coups, les fondements sur lesquels repose l'ordre social; à démoraliser la France sous prétexte de la républicaniser. Que l'on compte toutes les feuilles, tous les journaux antireligieux ; que l'on examine la quantité d'ivraie, d'idées fausses, subversives, répandues chaque jour dans le champ de la société, et l'on en sera épouvanté. Qui sème les vents recueille les tempêtes !

GNAFRON. — J'ai lu dernièrement, M. Guignol, que dans certaines parties de la Chine, à Tchen-Kiang, à Nanking, à Ou-Hou et dans les villages des bords de Yang-le-Kiang, les lettrés avaient, avec de semblables diatribes, suscité une persécution violente contre les cléricaux. Ils prétendaient que ceux-ci avaient le pouvoir de faire tomber les queues des Chinois. « Il leur suffisait, affirmait-on, de lancer en l'air un bout de papier en soufflant dessus et aussitôt une queue tombait, et la victime de ce sortilège n'avait plus que trois jours à vivre. Aussi pour échapper à ce malheur et ne pas être privés de leur ornement favori, les Chinois tenaient-ils courageusement leur queue à la main, ou ils l'enroulaient sous leur coiffure. »

GUIGNOL. — Sans doute en France on est plus intelligent; les personnes tant soit peu perspicaces savent à quoi s'en tenir sur les ficelles des journaux: néanmoins il résulte toujours de cette lecture une facheuse impression, c'était l'opinion de Voltaire qui écrivait : « Mentez, mentez, il en reste toujours quelque chose. » Et l'on ne saurait trop détourner les personnes sérieuses de cette nourriture malsaine. Quant aux badauds on leur ferait facilement croire que les vessies sont des lanternes, et j'ai lu dans un journal que dans plusieurs départements les préfets avaient écrit au ministre de l'intérieur qu'ils ne répondaient pas de l'ordre, si les journaux continuaient à soulever la haine et à déverser la calomnie contre une certaine catégorie de citoyens.

GNAFRON. — Mais ces journaux ne pourraient-ils pas se modérer ?

GUIGNOL. — Non, mon ami, quand on a les passions pour point de départ, il n'y a plus de temps d'arrêt; elles crient toujours en avant! en avant! Déjà, a dit un homme célèbre, nous avons eu l'ère des Girondins, nous en sommes aux Jacobins modérés; » il ne reste plus qu'un pas à faire pour tomber dans la république aimable de 93. En effet, il ne faut pas que les hommes d'ordre se fassent illusion ! Quelles sont les tendances, les aspirations de la presse révolutionnaire? Où nous conduit-elle inévitablement ? Quels sont les héros qu'elle préconise? N'est-ce pas Marat, Danton, Robespierre? « Qu'on lise, dit le *Tocsin*, les feuilles si nombreuses et si répandues de la révolution, il y a des pages qui suent le sang et il ne manque qu'un jour de terreur pour qu'il soit répandu à flots. » Et quand nous serons arrivés à cette ère de prospérité, rêvée par une certaine presse; quand nous serons arrivés aux mitraillades de Lyon, aux noyades de Nantes, à l'incendie des pétroleurs de la commune, etc., etc... Nos ennemis qui nous guettent, l'Europe elle-même, coalisée, comme en 1792, viendra fondre sur nous et réprimer cette nation incorrigible qui bouleverse l'Europe et ébranle les trônes par les idées subversives dont elle est le foyer; et alors on pourra dire de nous impuissants et sans alliés, ce qui a été dit de la Pologne : *Finis Galliæ*, fin de la France.

GNAFRON. — Mais alors, que faire, maître ?

GUIGNOL. — La première chose à faire serait de demander la liberté de la presse.

GNAFRON. — Mais est-ce que la presse n'est-pas déjà assez libre ?

GUIGNOL. — Nous avons l'abus, la licence de la presse, mais nous n'avons pas la liberté. La véritable liberté s'exerce dans l'ordre et dans le vrai. Et puisbue, dit Platon, quiconque détruit ou arrache la religion, détruit et arrache les fondements de la société, détruit la république : il faut dont réformer la presse qui détruit la république.

Il serait important encore de réformer l'opinion publique, égarée, obscurcie par tant de nuages, de mensonges, de sophismes qui s'élèvent de ce puits de l'abîme qu'on appelle la presse ; et si l'on pouvait réformer, éclairer cette opinion, on sauverait la France. Car, en définitive, comme dit Pascal : « L'opinion est la reine du monde. »

XI

La guerre. — Le bipède religieux.

Gnafron. — Encore une question, M. Guignol, je viens de lire dans un journal que la religion divisait les hommes, engendrait la guerre, que sans la religion les hommes vivraient unis et heureux comme des frères ; veuillez m'éclairer sur ce sujet, avant de terminer.

Guignol. — La religion n'enseigne que le bien, toutes ses maximes sont des maximes de concorde et de charité ; et il est dans son essence d'unir et de relier les hommes entre eux (comme le dit son étymologie, religio de religare) en les établissant dans l'ordre et dans le devoir : ce n'est donc pas la religion mais bien les passions humaines qui divisent les hommes, et « sans la religion, comme l'a dit un publiciste, on verrait plus que jamais les familles troublées par la discorde et le libertinage, des époux sans union, des enfants sans respect, des serviteurs sans fidélité ; on verrait plus que jamais des êtres contre nature, qui n'étant plus retenus par le frein d'une éducation religieuse, connaîtraient dès leur plus tendre jeunesse les ruses et l'audace du crime, et présenteraient devant les tribunaux épouvantés le plus hideux de tous les spectacles : celui du forfait dans l'âge même de la candeur et de l'innocence. »

Gnafron. — C'est bien, maître, ce qu'on voit de nos jours et ça ne fait guère honneur à notre république. Les parents ne savent plus aimer leurs enfants; en les élevant dans les principes de la libre pensée ils n'en font que des voyous; et les maisons de correction, les pénitenciers sont insuffisants pour les recevoir; il faut en former de nouveaux. C'est ce queme disait dernièrement le directeur de l'une de ces maisons.

Guignol. — Le règne de l'athéisme s'est montré quelque temps en France de 1789 à 1794; et quand a-t-on jamais vu plus d'horreurs, plus de crimes! quand a-t-on vu le sang couler avec plus d'abondance! La France était couverte d'échafauds. Voltaire semblait avoir prévu cette époque, quand il disait : « Si le monde était gouverné par des athées, il vaudrait autant être sous l'empire de ces êtres infernaux qu'on nous peint comme acharnés sur leur victime. »

Gnafron. — Voilà cependant la république aimable où l'on voudrait nous conduire!

Guignol. — Non-seulement la religion n'inspire pas la guerre, mais il est certain que les maximes du christianisme ont rendu les guerres moins fréquentes et moins féroces, et qu'elles ont établi parmi les peuples un certain droit des gens, et des règles d'équité, qui ont par là même épargné l'effusion du sang humain. Avant le christianisme la guerre était presque l'état normal des peuples. Ainsi dans la république romaine, qui a duré 480 ans, les portes du temple de Janus, qui devaient se fermer en temps de paix, ne furent fermées qu'une seule fois : ce qui eut lieu après la première guerre punique. Et l'on sait comment se faisaient les guerres; elles étaient partout féroces et barbares; on ne faisait pas la guerre pour conserver, mais pour détruire. Les villes prises étaient pour l'ordinaire livrées au sac et au pillage, les habitants passés au fil de l'épée ou réduits à l'esclavage, c'était l'esclavage ou la mort.

Gnafron. — Il faut pourtant avouer, M. Guignol, qu'on a souvent abusé de la religion, comme le prouvent différents faits de l'histoire, et que l'on en abuse encore quelquefois de nos jours.

Guignol. — Et de quoi n'abuse-t-on pas, mon garçon ! on abuse des meilleures choses, faut-il dire pour cela qu'elles soient mauvaises et qu'on doive les supprimer ? Parce que les feux du soleil élèvent quelquefois de la terre des vapeurs qui enfantent les orages, faudrait-il supprimer le soleil ! on abuse de la nourriture, faut-il se passer de manger ! on abuse du vin, faut-il se passer d'en boire ?

Gnafron. — Pour ce qui est du vin, je ne suis pas de cet avis, mon vénérable, tant pis pour les ivrognes qui en abusent !

Guignol. — D'ailleurs la religion n'est pas aussi facile à supprimer que tu le supposes ; elle se lie essentiellement à notre nature; elle est une des grandes passions de l'homme.

Gnafron. — Comment pouvez-vous dire que la religion soit une passion. Je croyais que c'était une bonne chose.

Guignol. — Oui, mon ami, la religion est une passion, mais une bonne, une excellente passion. Une passion n'est autre chose qu'un besoin vivement senti, qu'un attrait invincible qui nous porte vers un objet pour faire de notre vie la sienne et de la sienne la nôtre: or, tel est le penchant de l'humanité vers Dieu. Parcours l'histoire des peuples anciens et dis-moi si tu trouveras une seule nation sans croyances, sans culte, sans sacrifices, sans religion. « Jetez vos yeux sur la face de la terre, disait Plutarque, vous pourrez y trouver des villes sans fortifications, sans lettres, sans magistrature régulière; des peuples sans habitations distinctes, sans profession fixe, sans propriété de bien, sans l'usage des monnaies et dans l'ignorance universelle des beaux arts; mais vous ne trouverez nulle part une ville sans connaissance de la Divinité. » Prends la carte du monde actuel et tu verras se reproduire le même spectacle. Trouve-t-on un seul peuple sans religion ? Il en est de même des peuplades sauvages. Quand Christophe Colomb découvrit l'Amérique, un vieux cacique s'avança vers lui et lui dit: « Tu nous as effrayés par ton audace, mais souviens-toi qu'il y a au-dessus de nous un Etre suprême qui te jugera, et que nos âmes ont deux routes après la sortie du corps; l'une est obscure et ténébreuse. C'est celle que prennent les âmes de ceux qui ont molesté les autres hommes; l'autre est claire, brillante, destinée aux âmes de ceux qui ont donné la paix et le repos. »

GNAFRON. — Cependant on trouve dans le monde des hommes qui se disent sans croyances, athées, matérialistes.

GUIGNOL. — Ils le disent, mais combien de fois leurs actions démentent leurs paroles! quel est le libre penseur, à qui il n'échappe, surtout dans un moment de souffrance, ces exclamations qui sont, comme dit Tertullien, le cri d'une âme naturellement chrétienne? Mon Dieu! mon Dieu! ayez pitié de moi! Quel est celui qui n'élève pas parfois son regard vers le Dieu qui règne dans le ciel, et ne lui dise : mon Père, ayez pitié de votre enfant!

GNAFRON. — Mais est-ce que le père un tel, la mère une telle, qui se disent libres-penseurs, sont aussi religieux! Ah! si vous leur disiez cela, ils se mettraient dans une fameuse colère, ils se croiraient bien déshonorés!

GUIGNOL. — Oui, mon garçon, le père un tel, et la mère une telle, qui se disent libres penseurs sont religieux comme les autres; car la nature est identique dans tous les hommes. Il en est de même de monsieur le rédacteur du journal radical de la localité, qui roule de gros yeux contre les curés quand il en rencontre, et qui, chaque matin, mange du prêtre dans son journal, pour pimenter sa feuille et attirer la clientèle.

GNAFRON. — Ceci me rappelle un fait que j'ai lu, il y a peu de temps, dans un journal, et qui s'est passé à l'enterrement civil d'un libre-penseur. Quand on fut arrivé au cimetière, un bon vieux s'avança vers la tombe et dit : Citoyens, mes amis, nous allons dire un *Pater* et un *Ave* pour l'âme de notre pauvre défunt; et un grand nombre de libres penseurs se signèrent et firent la prière; il ne manquait qu'un prêtre pour faire l'absoute. C'était sans doute, comme vous le dites, le cri d'une âme naturellement chrétienne.

GUIGNOL. — Oui, mon ami, l'idée de Dieu est naturelle à l'homme; et on ne peut l'éloigner entièrement;

chassée par une porte, elle rentre par une autre; repoussé à droite, le spectre se montre à gauche ; il nous suit, il nous apparaît à la lumière du jour comme dans les ténèbres de la nuit. La religion est aussi essentielle à l'homme que l'action de boire et de manger. Aussi des philosophes ont-ils défini l'homme : « Un animal bipède religieux. »

GNAFRON. — J'ai ouï dire maître, que l'on n'avait qu'à gratter un peu sous l'écorce de l'âme d'un libre penseur, pour y trouver le sentiment religieux, que c'était comme un feu qui dort sous la cendre, que le moindre souffle peut réveiller.

GUIGNOL. — Oui, mon garçon, c'est comme un feu caché sous la cendre, et quand la flamme du sentiment religieux s'élève dans une âme, elle y fait régner la paix et tout le bonheur dont cette âme est susceptible. « Chose étonnante, dit Montesquieu, la religion qui semble n'avoir en vue que les biens de l'autre vie fait encore notre bonheur ici bas. » Un être trouve le bonheur quand il est constitué dans l'ordre, quand il est placé dans l'élément qui lui est propre et naturel :

Le poisson s'agite et ne peut vivre hors de l'eau, qui est son élément ; l'oiseau hors de l'air ; un os déboîté dans le corps de l'homme cause de grandes douleurs ; et la religion est la vie, l'élément de notre âme ; elle nous constitue dans l'ordre avec Dieu, avec le prochain, avec nous-mêmes. La religion fait le bonheur de la société : quelles ne seraient pas les perturbations des astres et du monde entier, si ces astres n'étaient retenus, liés entre eux par des liens invisibles, par les grandes lois de l'attraction ? Quels ne sont point les soubresauts, les élancements d'un vaisseau battu sur une mer en furie par les vents déchaînés ! Il en est de même du corps social, s'il est agité par les vents révolutionnaires ; si les hommes ne sont point reliés entre eux par la religion. Alors tout est en souffrance : l'agriculture, les fortunes, le commerce, la tranquillité publique. Comme l'a dit un publiciste, Montesquiou : « La religion est la vie du corps politique, elle ne lui laisse que le choix ou de se conserver avec elle, ou de se dissoudre sans elle. »

XII

Le cléricalisme.

Gnafron. — Savez-vous, M. Guignol, pourquoi les prétendus républicains en veulent tant à la religion ? Eh bien ! je le sais, moi.

Guignol. — Ce n'est pas difficile à comprendre, mais voyons si tu as trouvé juste.

Gnafron. — Les radicaux, disent, il est vrai, qu'ils ne veulent pas de la religion, parce qu'elle a fait son temps, parce qu'elle n'est plus en rapport avec le progrès des lumières, parce qu'on ne peut pas retourner au moyen-âge ; mais ce n'est pas la véritable raison : ils veulent par là jeter de la poudre de perlimpinpin aux yeux des badauds ; il y a un dessous de cartes que je devine.

Guignol. — Je vois, mon garçon, que tu n'es pas si bête que tu le parais ; voyons, continue.

Gnafron. — Merci du compliment, maître ! voilà donc ce qu'il en est. Ils disent d'abord, tout bas entre eux, que les curés vous font mettre dans un grand coffre, et vous font dire des choses qui ne sont pas amusantes du tout.

Guignol. — Sans doute, si l'on va consulter des médecins pour les maladies corporelles, il est bien juste que l'on cherche des remèdes et la guérison pour les maladies de l'âme, qui sont bien plus importantes et bien plus dangereuses ; d'ailleurs on ne force personne.

Gnafron. — N'importe ! c'est gênant tout de même. Ils disent encore que la religion n'est nullement conciliante et qu'elle s'oppose à la liberté : si l'on veut mettre le grappin sur le bien d'autrui, la religion vous dit que c'est mal et qu'il ne faut pas le faire ; si l'on veut se procurer certains plaisirs que l'on regarde comme fort innocents et naturels, la religion fait encore de gros yeux, et vous dit que par là, on jettera le trouble et le désordre dans les familles. En un mot, il n'y a pas moyen de vivre en paix avec elle ; elle n'est nullement accommodante....., et elle jette des bâtons dans les roues quand on veut se procurer certains plaisirs..... qu'elle prétend mauvais.

Guignol. — Je m'aperçois, mon ami, que tu y vois clair ; nos prétendus républicains ne combattent la religion que parce que celle-ci s'oppose aux mauvaises passions ; et le gouvernement qu'ils cherchent à établir n'est autre chose que le règne des passions sous le nom de république. Et je sais bien quelle religion leur conviendrait.

Gnafron. — Laquelle ?

Guignol. — Celle qu'avaient certains peuples avant J.-C., ils adoraient pour principal dieu, Jupiter qui avait fait ses petites farces avec la déesse Junon ; ils adoraient Mercure, dieu des voleurs ; Vénus, la déesse de la volupté, Bacchus, etc., etc.

Gnafron. — Voilà, maître, qui ferait une bonne religion ! une religion conciliante ! Et si les curés étaient fins, voilà celle qu'ils devraient prôner et faire adopter. Alors nos radicaux, loin de chercher à rogner le budget des cultes, l'augmenteraient sans parcimonie ; ils donneraient volontiers 10,000 fr., 20,000 fr., aux desservants des paroisses et 5,000 fr. aux plus humbles vicaires.

Guignol. — Nos prêtres aimeraient mieux souffrir la persécution, s'il le fallait, que de pactiser ainsi avec l'erreur.

Gnafron. — Ce qui leur fait honneur ! Mais il n'en est pas moins vrai, que si la chose avait lieu on verrait s'opérer la réconciliation de la république avec la religion, et Grambetta irait proclamer cette réconciliation dans tous les départements, et du haut des balcons, il crierait : Vive le cléricalisme ! Vive la religion ! et les radicaux, faisant chorus avec Grambetta, crieraient également, à se rompre le bec : Paix générale cette fois ! Vive le cléricalisme ! Vive la religion !

Nota. — Ce chapitre, dont le sujet ne trouve pas ici sa place naturelle, a été ajouté à la brochure déjà imprimée.

Imp. J. MAYET et Cie, à Lons-le-Saunier (Jura).

PRIX

1 Exemplaire, pris chez les libraires............ 20 c.
12 Exemplaires, *franco par la poste*............. 2 fr. »
100 Exemplaires,   —   —   .... 15 fr. »

En vente chez les principaux libraires. S'adresser pour les demandes de 12 exemplaires et au-dessus, à M. Comte, rue de l'Arbre-Sec, 27, à Lyon.

NOTA

Plusieurs parties de ce dialogue, imprimé sous le ministère Jules Simon, semblent avoir perdu de leur actualité; nous les avons néanmoins maintenues, parce que l'état des choses actuel pourrait n'être pas définitif.

Lons-le-Saunier. Imp. J. MAYET ET Cⁱᵉ, rue St-Désiré.

www.ingramcontent.com/pod-product-compliance
Lightning Source LLC
Chambersburg PA
CBHW060519050426

42451CB00009B/1068